OH LIFE

Für mein Leben

Chris Brügge

Oh Life

Das Buch des Lebens

*Bibliografische Information der Deutschen Nationalbibliothek:
Die Deutsche Nationalbibliothek verzeichnet diese Publikation
in der Deutschen Nationalbibliografie; detaillierte bibliografische
Daten sind im Internet über http://dnb.dnb.de abrufbar.*

*TWENTYSIX – Der Self-Publishing-Verlag
Eine Kooperation zwischen der Verlagsgruppe Random House
und BoD – Books on Demand*

*© 2016 Chris Brügge
Cover-Design Ralf Schüler*

*Herstellung und Verlag:
BoD – Books on Demand, Norderstedt*

ISBN: 978-3-740-71622-6

Prolog
vor dem Anfang

O Leben...

Du wahnsinniges und sagenhaftes Leben. Du wunderbares und verkorkstes Leben. Du so sensationelles und gnadenlos ungerechtes und atemberaubendes Leben. Du kleines, gewaltiges, du vielfältiges und einzigartiges und einfach unvergleichliches Leben.

Ich sehe dich und ich höre dich. Ich rieche dich und ich schmecke dich.
Und ich fühle dich.

Ich freue mich auf dich!
Und ich kann dich nicht erwarten.

Ich werde dich feiern wie ein Fest.
Ich werde dir nachsehen wie einem Feuerwerk.
Ich werde von dir träumen. Stark und tief und groß.
Ich werde mit dir glücklich sein und mit dir trauern.

Ich werde dich packen wie eine Trophäe.
Und halten wie eine Fahne.

Ich werde dich unfassbar finden. Und unglaublich.
Wie den ganz großen Knall.
Ich werde dich erforschen und dich versuchen.
Ich werde in dir schwelgen und an dir verzweifeln.
Ich werde von dir schockiert sein und überwältigt.
Ich werde von dir verwundet werden und wieder geheilt.

Ich werde mit dir lachen und weinen und singen und tanzen.
Und ich werde dich umwerfen.
Und dich hochleben lassen.

Ich werde an dir bauen. Wie an einem Turm. Dich gestalten wie ein Kunstwerk. Und dich verzieren.

Ich werde dich maximal lieben und dich maximal hassen.
Ich werde dich verfluchen und segnen.

Ich werde dich meistern und heillos scheitern.
Ich werde dich gewinnen und verlieren.

Ich werde dich so zelebrieren. So oft und so lange ich kann.

Ich werde dich leben!

Geburt

Ich bin.
Ich bin kurz vor dem Start. Gleich wird mein Leben so richtig beginnen. Und gleich geht alles los.

Ich warte auf meinen Geburtstag. Gleich schreibe ich Geschichte...

Ich schwimme noch im Bauch meiner Mutter. Wie ein Stern im Universum.
Ich spüre die Schwingungen von draußen, das Rauschen des Wassers um mich herum. Und alles, was mich umgibt.

Das Leben durchfließt mich wie Strom. Und das ist wie ein sanftes und winziges Gewitter.

Und gleich ist es soweit...

Jetzt, jetzt werde ich geboren!
Hier bin ich!
Ich erwache.
Ich bin. Ich suche. Ich träume.
Und ich beginne.
Ich atme zum ersten Mal die Luft, ich fühle mein erstes Gefühl und denke meinen ersten Gedanken, den ich noch nicht fassen kann.
Mein Herz schlägt wild und sanft zugleich. Es explodiert und fällt in sich zusammen.
Ich bin aufgeregt und ruhig. Alles auf einmal.
Alles ist neu.
Ich schmecke die Haut meiner Mutter, meines Vaters.
Ich bin zum ersten Mal unter freiem Himmel.
Zum ersten Mal sehe ich Licht und werde geblendet. Und ich suche das Licht immer wieder.
Zum ersten Mal berühre ich. Und werde berührt.
Zum ersten Mal spüre ich Schwere.

Ich bin so aufgeregt. Eine Milliarde Reize warten auf mich.
Und mindestens eine ganze Welt.
Ich sammle schon unzählige Eindrücke und etliche Erfahrungen.
Aber jetzt bin erschöpft und brauche noch so viel Energie für den zweiten Tag meines Lebens. Und alle weiteren.

Ich werde geboren. Jeden Tag. Jeden Moment. Immer...

Ich bin ein kleines Wunder.

Ich bin.

wachsen

Ich spüre, wie ich wachse.
Immerzu.
Ich wachse...
Ich wachse wie das Gras um mich herum. Ich sprieße...
Wenn ich warte, werde ich groß wie ein Baum.
Ich strecke meine Hand in den Himmel und jedes Mal berühre ich fast die Wolken.
Jeden Tag komme ich näher an den Himmel.
Ständig lerne ich dazu.
Sprechen. Laufen. Leben...
Ich werde stärker.
Meine Muskeln wachsen, und ich kann mehr tragen.
Meine Knochen wachsen, und ich kann mehr aushalten.
Meine Haut wächst, und ich kann mehr spüren.
Mein Herz wächst, und ich kann größere Träume träumen.
Mein Gehirn wächst, und ich kann größere Gedanken denken.
Meine Hand wächst, und ich kann mehr fassen, jeden Tag größeres und mehr berühren. Noch mehr.
Mein Fuß wächst, und ich kann weiter springen, höher – und ich kann schneller rennen.
Meine Schultern wachsen, vielleicht lerne ich fliegen.
Meine Augen wachsen, und ich kann mehr sehen.
Meine Seele wächst, und ich kann mehr fühlen.
Jeden Tag kann ich mehr.
Noch mehr.
Immer mehr...

Und vielleicht wachse ich über mich hinaus.

Kindheit

Als Kind ist das Leben so oft wie ein Spiel.
Und ein ganz großes Abenteuer.
Ich jage Schatten und Schmetterlinge.
Und reite auf den Schultern meines Vaters. Und meine Mutter trägt mich überall hin.
Mein Vater ist der erste Mensch und meine Mutter ist die Königin der Welt.

Meine Neugierde ist einfach unstillbar.
Ich habe Hunger nach Wissen und nach Erfahrungen.
Ich suche überall nach Orientierung.
Ich stoße überall an Grenzen und Regeln.
Und ich stelle unendlich viele Fragen...
Ich bin so schnell zu begeistern. Alles kann jetzt faszinierend sein. Ein Ding, ein Insekt, die Welt...

Alles ist wie ein fantastisches Fest oder eine krasse Katastrophe.
Als Kind wirkt das Leben so gewaltig, dass ich immer staune...

Ich sehe mein Spiegelbild und ich erkenne mich...

Ich spüre die riesigen Ängste in mir und Mut; das unbändige Glück und Unglück. Alle Gefühle sind überall und so überwältigend.

Ich bin Forscher und Entdecker. Alles ist ein Experiment.
Überall läuft mir etwas über den Weg.
Überall ist ein Impuls und eine Inspiration.

Ich lerne die Natur und die Technik. Ich lerne tagein und tagaus und in den Nächten. Ich lerne mehr von mir und ich lerne mehr vom Leben.

Ich falle so oft. Und ich stehe immer wieder auf. Allein oder mit Hilfe.

Und ich suche und finde meine Talente. Ich will so vieles auf einmal machen.

Die Welt wächst wie wild und wird jeden Tag größer.
Ich suche den Himmel ab nach Vögeln und Greifen und Mantikoren.
Irgendwo müssen hier Dinosaurier sein. Säbelzahntiger, Feen und Minotauren.
Ich freue mich auf den Vollmond. Nachts zähle ich oft die Sterne.
Wenn ich einen Regenbogen sehe, renne ich darauf zu.
Ich zähme all die Drachen aller Welten.
Und manchmal lasse ich meinen Drachen steigen...
Ich warte auf Sternschnuppen und träume, wer ich sein will, wer ich sein kann...
Vielleicht ein besonderer Mensch, vielleicht ein unbesonderer.

Ich bilde jetzt schon eine Persönlichkeit aus, ohne dass ich davon weiß. Es ist wie ein Zauber. Und überall ist Magie...

Die Welt ist lebendig, das Licht, der Schatten. Wolken bilden Formen, ohne dass ich etwas tue. Ich mache alles zu meinem Spielzeug. Und die Erde zu meinem Spielplatz.
Mein Bewusstsein wird immer größer.
Mein Glaube ist riesig.
Meine Phantasie ist grenzenlos.
Mein Herz ist ein unentdeckter Planet in meinem Inneren.
Und alles kreist um mich...

Wenn ich groß bin, werde ich unschlagbar.
Werde ein Held.
Werde ein Riese.
Oder etwas anderes, das keinen Namen hat.

Ich singe und tanze mit den anderen Kindern. Ich finde meine ersten Freunde. Wir lachen und weinen. Und ich ganz besonders.
Ich messe mich mit anderen und andere messen sich mit mir. Ich suche, worin ich am Besten bin.
Alle wissen, wie ich heiße.
Alle Erwachsenen lieben mich.
Alles ist nah.
Alles ist voller Träume.
Alles.

Schmerz

Der erste Schmerz stürmt in mein Leben. Und ich glaube, er verwüstet mich...

Er wütet und tobt. Und flaut wieder ab.

Er trifft mich. Und er wird mich vermutlich immer wieder treffen.

Ich hasse ihn. Ich glaube, ich muss ihn fürchten.

Er sticht, er beißt, er kratzt... es ist, als hätte ich ein Tier in mir...
Es wandert manchmal, manchmal ist es still, und manchmal schläft es.

Der Schmerz ist ein Monster, das in mir rast.

Vielleicht kann ich ihn zähmen.
Aushalten. Ertragen. Und in etwas anderes verwandeln.

Etwas, das Frieden findet.
Aber vielleicht sterbe ich bei dem Versuch...

Alles, was er zerstört, baue ich wieder auf.
Und alles muss wieder heilen.

Voll und ganz.

Krankheit

Zum ersten Mal in meinem Leben bin ich krank.
Die Krankheit kommt in mich. Wie ein Geist. Oder ein Gott.
Ich sehe sie nicht, aber sie ist da. Ich weiß es so sicher, wie dass ich lebe.
Ich spüre sie in mir wie ein zweites Blut.
Sie greift nach mir. Sie erfasst mich. Sie breitet sich aus wie eine Welle.
Und ich muss kämpfen nicht zu ertrinken.
Aber gleichzeitig lasse ich mich treiben...

Die Krankheit ist wie ein allererster Alptraum. Ich bin so wahnsinnig überrascht und in mir schreckt alles auf. Als hätte ich Schwärme in mir...
Alles arbeitet. Alles bewegt sich. Wirklich alles.

Ich bin erschüttert, und es ist wie ein Riss an meinem vollkommenen Körper.
Ich bin nicht mehr ich. Ich bin für immer verändert. Wie die Erde nach einem Beben.
Ich bin ohne Rüstung.
Ich bin schwach. Und ich fühle meine Schwäche. Den Anfang vom Tod. Die Stille. Die fehlende Stärke. Das Stumme.
Die Sterblichkeit...

Meine Unsterblichkeit ist gebrochen.
Krieg herrscht in mir.
Und mein Körper kämpft.
Wie ein Krieger.

Phantasie

Ich entdecke.
Die Welt und meine eigene Phantasie.
Ich sehe Dinge, die nicht sind. Ich erfinde in meinem Kopf.
Alles Erdenkliche und Unerdenkliche...
Mein Gehirn lässt meine Gedanken sprießen. Höher. Weiter.
In alle Richtungen des Himmels. Und Dimensionen.

Und ich habe keine Schwere.
Alles schwebt. Egal was und wann und wo.
Ich fliege ohne Flügel; fort und überall hin.
Ich streife durch die Sterne.
Bis ins Endlose.
Und über die Grenzen des Universums.
Und paralleler Universen...

Ich kann ein Ritter sein, ein Held, Prinzessin, ein Drache, ein Einhorn, ein Alien, ein Stein, eine Wolke; ich kann Regen werden. Oder ein Strahl.
Ich kann jede Form annehmen, jedes Geschlecht,
jede Hautfarbe.
Ich könnte zaubern.

Wenn ich will, kann ich Welten bauen. In mir. Und ich kann sie zerstören.
Erst nach und nach merke ich, was ich noch alles kann...

Tausende Träume umgeben mich.
Erinnerungen und Visionen vermischen sich.
Und alles wird eins. Der Mond und die Sonne und der Horizont und der Himmel, die Erde. Die Elemente
verbinden sich. Die Moleküle. Die Energie.
Ich kann alles verändern.
Und alles wird möglich.
Einfach alles.

Meine Phantasie ist ein Springbrunnen, eine Fontäne und eine Quelle...
Sie ist ein Tropfen, der zu einem Ozean wird.
Meine Phantasie ist ein Funke, der zu einem Brand wird.
Meine Phantasie ist der Beginn von etwas ganz Großem.
Meine Phantasie nimmt die Welt aus den Angeln und versetzt Berge.
Sie ist ein Schiff und ein Flugzeug, und ich schwimme und fliege...
...durch Zeit und Raum.

Bildung und lernen

Mein Verstand wächst, und mein Gehirn schlägt Wurzeln
wie ein Baum. Meine Synapsen verzweigen sich
zu einer kleinen Welt.
Genau jetzt ist eine Supernova in meinem Kopf...

Ich spüre, wie ich jeden Tag mehr weiß.
Jeder Tag bringt Neues, das ich begreife.
Jeder Tag ist eine Entdeckungsreise.
In die Welt.
Und zu mir.

Ich bin wie ein Buch und ein Computer. Und ich werde
ein eigenes Medium.
Ich verstehe immer mehr das Leben um mich her und das Leben in mir.
Die Vergangenheit und die Gegenwart.
Und morgen oder irgendwann entdecke ich meine eigene
Theorie, die alles umwirft.
Ich entdecke neue Phänomene der Natur.
Und neue Phänomene des Lebens.

Jugend

Ich bin jung.
Alles blüht und wächst in mir, an mir und um mich herum.
Meine Stärke, mein Inneres.
Meine Seele...
Wie eine Wildblume.

Ich entdecke mein Herz so neu. Wie bei einer Reise ins All.

Alles wird bewusster.
Jedes Glück. Und jeder Schmerz.
Jeder Schritt, den ich mache. Jede Berührung. Und jeder Atemzug.

Und ich habe dieses Gefühl, dass mir und meinen Freunden die Welt gehört... Vielleicht sogar uns ganz allein.

Manchmal glaube ich, dass alles wunderbar und manchmal, dass alles sinnlos ist. Manchmal sogar beides zugleich. Manchmal kann ich alles und manchmal bin ich so heillos überfordert.
Manchmal bin ich revolutionär und radikal und manchmal so normal.
Ich schwanke zwischen den Extremen. Hin und her.
Ich fühle mich riesig und ich fühle mich winzig. Gigantisch und ein Nichts.
Ich suche die Herausforderungen, die Grenzen und das, was dahinter ist.

Die Zukunft wartet auf mich, aber ich habe manchmal Angst vor ihr...

Mein Blut rauscht anders als vorher. Meine Augen sehen anders.

Ich trete neu in die Welt; denn ich will etwas Neues.
Alles ist möglich.

Alles ist mein.

Wenn ich jetzt träume, dann träume ich groß.
Wenn ich jetzt springe, dann springe ich hoch.
Wenn ich jemanden jetzt ansehe, dann mit Gewicht.
Wenn mein Herz jetzt schlägt, dann schlägt es hart.
Wenn ich jetzt liebe, dann für immer.
Wenn ich jetzt glücklich werde, dann grenzenlos.
Wenn...

sehnen

Ich sehne mich so...
So sehr.
Ich sehne mich nach so vielem. Und so viel Verschiedenem.
Nach Buntem und Schwarz-Weiß. Und nach Millionen von Grau.
Ich sehne mich nach etwas Besonderem und Alltäglichem.
Nach dem ganz Normalen und absolut Außergewöhnlichen.
Nach dem Lebendigen und dem Leben...
Ich sehne mich nach den einfachen und den komplexen Dingen... nach einem Geschmack, einem Geruch, einem Gefühl... nach der Welt und dem Jenseits...
Nach einem Menschen und einem Erlebnis. Nach einem Blick, einer Berührung, einer Hürde und einer Herausforderung, nach einer Tat. Ich sehne mich die Welt zu retten und zu zerstören und eine neue zu bauen...
Ich sehne mich danach Dinge und Leben zu schaffen...

Sehnsucht, wo kommt sie nur her?

Sie ist so bittersüß.
Und so intensiv.
So verführerisch.
Und uferlos.
So verschwenderisch.
Und so zerreißend.

Sie überwältigt mich – und ich lasse es geschehn... soll sie wieder in mir passieren...

Sie ist ein Feuer, das durch mich streift; wie tausend kleine Explosionen. Und eine Kettenreaktion: vom Körper in die Seele.

Ich will sie.
Ich will.

Ängste

Ich werde unzählige Ängste haben in meinem Leben.
Angst vor dem Neuen. Der Routine. Dem Stillstand. Dem
Schmerz. Der Überforderung. Angst vor dem Unbekannten
und Fremden. Dem Alleinsein. Und Ausgeliefertsein. Angst
vor der Ohnmacht, das Falsche zu sagen, Angst, den richtigen
Zeitpunkt zu verpassen. Angst vor dem eigenen Spiegelbild.
Dem Blick in die Seele. Angst, zu wenig, nicht mehr oder nie
geliebt zu werden. Angst vor der Angst. Vor dem Tod.
Und manchmal vor dem Leben.

Ich werde manche Ängste vielleicht überwinden und manche
sogar vergessen.

Sie sind ganz, ganz tief in mir. Sie brechen aus mir hervor wie
aus einem Vulkan.

Manchmal lähmen sie mich. Und manchmal verleihen sie mir
Riesenkräfte.

Sie sind wie Ungeheuer in mir... und wann lasse ich sie frei?

Sie schenken mir so viel Adrenalin.

Ich überwinde sie. Und sie mich.

Ich bekämpfe sie. Und sie mich.

Und ich überlebe durch sie.

Seele

Meine Seele,
ich kann dich nicht sehen.
Aber ich spüre dich in mir.
Lebendig und überall.
Du wächst.
Du bist so groß und riesig und so gewaltig.
Vielleicht unendlich.
Du schwebst in mir...
Als wäre ich ein Himmel.

Ich spüre manchmal Glück durch dich.
Ich spüre manchmal Schmerzen durch dich.
Du wirst gebrochen.
Und du versuchst zu heilen.
Und wenn ich gebrochen bin, strahlst du weiter durch mich.
Du bist wie ein Engel in mir. Und ich wie ein Reich.

Ich habe dich entdeckt und ich fühle dich. Also existierst du...

Wenn ich dich habe, dann haben wir alle eine. Und alles...

Du fließt, und mein Körper schwingt.
Du verbindest mich mit dem Unsichtbaren und mit der ganzen Welt.
Wenn ich keinen Körper hätte, könntest du fliegen.
Und niemand wüsste, wo du beginnst und wo du endest.
Du bist wie ein Land, das unermesslich ist.
Ein Horizont.
Eine Sphäre.
Ein Planet.
Eine Galaxie.
Ein Universum.

Jahreszeiten

Ich spüre die Jahreszeiten um mich herum.
Und wie sich die Welt verwandelt, verwandle ich mich.

Ich spüre den Frühling und seine unbändige Blüte, ich spüre den Sommer und seine volle Kraft, den Herbst mit seiner Reife und den Winter mit seiner Reinheit.

Wenn der Frühling kommt, dann kommt er auch in mich.
Wenn Sommer ist, dann ist er auch überall in mir.
Im Herbst bin ich auch wie ein buntes Blatt und überall herbstlich.
Und wenn der Winter naht, dann naht er auch mir.

Das ganze Jahr ist in mir. Das Sprießen und Welken, das Werden und Vergehen, das Blühen und Verdorren, die Winde und die Niederschläge, der Tag und die Nacht, das Licht und das Dunkel und alles des ganzen Jahres. Und alles all der Jahre, die vergehen.

verloren sein

Ich werde zum Einsamsten auf der Erde
und unter dem Himmel.
Alles stirbt und ist wie tot. Ich bin wie ein Zombie.
Ein Engel ohne Flügel.
Ein Gott, der sterblich geworden ist.

Was die meisten anderen um mich herum nun sagen,
klingt fahl. Gerede. Worte, die nicht stimmen.
Nicht für mich.

Ich glaube nicht, dass ich jemals oder wieder glücklich werden kann.

Das Leben ist ganz weit weg. Hinter dem Horizont.

Alles wirkt wie ein sinnloser Kampf. Um nichts.

Es wäre ein Wunder, wenn ich nicht an dem Schmerz sterben
würde, den ich in der Welt fühle.

Ich weiß nicht mehr, wer ich bin, aber ich suche überall nach mir.
Und ich brauche so unendlich lange, bis ich eine Spur von mir finde.
Und vom Leben.
Und einen Weg.
Und eine Tür.

erwachsen werden

Erwachsen werden ist eine Reise.
Ich muss irgendwann aufbrechen. Gleich. Sofort. Jetzt.
Ich muss meine Kindheit hinter mir lassen. Und sie abstreifen wie zu kleine Flügel.
Ich muss die Erinnerungen mitnehmen und die Träume.
Ich muss meine Tiefen erkunden. Und die Höhen wiederfinden.
Ich muss so viel Neues lernen.
Ich muss andere Tänze tanzen und andere Lieder singen.
Oder auf eine andere Art.
Ich muss das Schwert ergreifen.
Ich muss meinen Drachen finden und ihn töten.
Ich muss mich selbst erkennen. Ich muss herausfinden, wer ich bin. Und wer ich sein will.
Ich muss mich erforschen. Und suchen, was in mir steckt.
Ich muss herausfinden, ob ich ein Schicksal habe. Ob ich es erfüllen will. Oder bekämpfe.
Ich bin in die Welt geworfen. Und nun muss ich in ihr leben.
Eigene Wege gehen.
Und vielleicht einen neuen Weg machen.
Einen Weg zum Glück. Zum Unglück. Zum Leben.

erste Liebe

Alles fühlt sich anders an.
Alles dreht und verwandelt sich.
Alles ist so schräg und ein Chaos.
Mein Herz steht still und rast. Ruht und zerspringt. Mein Herz explodiert wie eine Bombe… und meine Tausenden Teile fliegen in alle Richtungen.
Ich spüre Berührungen, die mich erschüttern wie einen Baum der Sturm. Wie ein Beben unter dem Meer; das dann Wellen wirft.
Einen Moment von Ewigkeit…

Ich werde verrückt.
Vollkommen.

Ich fühle mich, als wenn ich gleich fliegen könnte...

Ich bin im Zentrum eines unsichtbaren Tornados.

Und es ist, als wäre ich auf einen Schatz gestoßen. Als hätte ich ein Geheimnis entdeckt. Ein Paradies. Ein Wurmloch.
Oder eine Galaxie. Oder die Zeit.

Sie ist die erste der Liebe und wer weiß… vielleicht die Einzige… sie ist so sanft und stark und so natürlich und gewaltig; wie die Gravitation.

Und vielleicht bin ich aus der Zeit gefallen.

Alles steht still vor diesem einen Moment.

Ich sehe dich.
Und wenn ich die Augen schließe, bist du immer noch da.
Ich trage dich immer in mir.
Ohne Last. Wie eine zweite Seele.
Ich vergehe vor Sehnsucht nach dir. Aber ich werde nicht weniger.

Du tauchst in allen Träumen auf.

Ich will alles von dir. Sonst sterbe ich.

Nichts ist, wie es war.

Eine neue Zeitrechnung beginnt.

Und ich fühle eine neue Welt.

Lust

Sie ist Jagen, Suchen, Finden.
Unsicher sein. Und manchmal ist sie so unbestimmt...
Sie ist wild; sie ist Wachsen.

Ich spüre die Lust wie das Feuer. Etwas wird entfacht und brennt in mir.
Sie kommt und geht wie der Wind. Oder ein Sturm. Wie Sonne und Mond. Und wie die Gezeiten.

Das Leben ist manchmal so lustvoll und manchmal so lustlos... Gerade ist sie untergegangen – und genau jetzt steigt sie wieder auf.

Ich habe Lust auf das Geschlecht. Ich habe Lust auf das Essen. Und auf den Schlaf. Ich habe Lust auf den einen Gedanken, aufs Träumen.
Ich habe Lust auf das Hiesige und das Exotische.
Ich habe Lust, melancholisch zu werden und ernst und glücklich.
Ich habe Lust auf den Luxus und auf das Einfachste.
Ich habe Lust auf den Rausch und die Ruhe
und auf die Ekstase.
Ich habe Lust hinter die Geheimnisse des Lebens zu kommen und einfach nur zu sein...
Ich habe Lust auf den Tod.
Ich habe Lust aufs Leben.
Ich habe Lust auf mehr.

Und Lust auf die Lust.

Träume

Ich träume...
Manchmal wach und manchmal im Schlaf.

Meine Träume werden sich in meinem Leben vielleicht verändern. Aber vielleicht habe ich auch immer dieselben.
Oder den einen. Und einzigen.

Oder ich träume tausend Träume – einzeln, nacheinander und zugleich....

Ich weiß nicht, ob alles ein Traum ist...
Wenn ich atme und denke. Wenn meine Phantasie Flügel kriegt. Wenn sich ein Funke in mir entfacht. Und eine Bombe zündet.
Vielleicht ist das Leben ein Traum. Und ich träume es. Ich träume es sanft. Und ich träume es heftig.

Ich träume vom Möglichen und Unmöglichen; meine Träume sind so absurd und so sinnvoll...
Ich frage mich, ob jemand anderes irgendwo gerade denselben Traum hat, den ich jetzt träume.

Ich träume...

Wenn ich nicht mehr Träume, kann ich auch aufhören zu leben.

Erwachsenenwelt

Ich lebe mich aus.
Meinen Körper. Meine Seele.

Ich probiere das Leben...

Seine Facetten und Weisen, seine unendliche Art... Es ist so verrückt, manches fliegt mir zu und für anderes muss ich kämpfen. Und manchmal ist es einfach vergeblich...

Ich gehe immer weiter in mein Leben.

Ich fahre in die Welt – und die Welt zieht vorüber.
Der Wind weht in mein Haar. Und ich komme näher an mein Ziel.

Ich fahre in Autos und Zügen und Schiffen, ich fliege in Flugzeugen. Hierhin und dorthin und zurück.

Ich werfe mich in die Wellen.
Ich steige auf Berge.
Ich stehe im Wind.

Ich teste, welche Träume ich verwirklichen kann.

Ich lebe den Alltag mit seinen Höhen und Tiefen und seiner Gleichförmigkeit.
Ich koste Gerichte, ich lese Bücher und sehe Filme und höre Musik, unzählig. Ich gehe zu Konzerten und reise. Ich festige mein Leben. Ich arbeite. Und ich ruhe...

Ich forme mein Leben. Wie ein Künstler sein Werk. Und manchmal formt es mich.

Es gibt jetzt so vieles... Es gibt Milliarden von Möglichkeiten.

Und gleichzeitig wirkt so vieles so eng und so stur und so unmöglich.

Manchmal bin ich wie ein Sklave und manchmal so frei...

Ich liebe vielfältiger. Denn Liebe ist so reich und so viel und so komplex. Wie ein eigener Kosmos.
Ich feiere den Sex. Und die Freundschaft. Und mich selbst.

Ich lerne Neues vom Leben und vergesse gleichzeitig so vieles.
Ich gewinne und verliere.

Ich erkenne meine Ängste und stelle mich ihnen. Oder verdränge sie. Manche besiege ich und manche nicht.
Ich gehe an meine Grenzen und darüber hinaus.
Manchmal bin ich ein Feigling, und manchmal bin ich ein Held. Manchmal ein Riesenfeigling und manchmal ein Superheld. Und meistens etwas dazwischen.

Familie, Freunde und Geliebte nehmen alte oder neue Plätze im Leben ein. Ich begreife mehr und mehr, was Kultur bedeutet. Und Herkunft. Und Heimat. Und das Leben.

Ich stelle neue Fragen oder alte nochmal:
Wo habe ich meinen Ursprung? Wo komme ich her?
Wo gehe ich hin?...

Ich treffe immer mehr Menschen und verliere immer mehr.
An die Welt und an den Tod.
Ich werde desillusioniert und träume neue Träume. Ich werde enttäuscht und fasse neue Hoffnung.
Mehr und mehr weiß ich, was ich vom Leben will. Und was nicht.

Ich treffe Entscheidungen und trage alle Konsequenzen.
Mal leicht und mal schwer.

Ich spüre den Regen auf mir. Und die Sonne. Das Licht, den Schatten und alles dazwischen.

Ich spüre, wie Zeit wächst und in mir Ringe wirft.

Ich spüre, wie ich Narben bekomme. Und wie sie schmerzen.
Ich spüre, dass die meisten Wunden verheilen.

Ich falle. Und ich stehe auf.

Und ich gehe meinen Weg.
In verschiedene Richtungen.
Manchmal bleibe ich stehen, aber irgendwann geht es immer weiter.
Hoch.
Tief.
Weiter.

Freundschaft

Sie begleitet mich durch mein ganzes Leben. In der Kindheit, der Jugend und als Erwachsener.

Vielleicht wird sie mal größer und kleiner, aber sie wird immer da sein. Vielleicht werde ich tausend Freunde haben. Vielleicht auch nur einen einzigen.

Freundschaft ist so weise, dass sie kein Geschlecht kennt. Und keine Grenzen.

Sie ist ein Band, das niemals ganz reißen kann.

Ich habe sie. Und ich gebe sie.

Freundschaft ist ein Formwandler. Sie ist manchmal Enttäuschung und Verrat; und manchmal Versöhnung, Vergebung…

Wenn ich ertrinke, kann sie mein Anker sein.
Wenn ich verwehe, kann sie mir Form geben.
Wenn ich ersticke, kann sie mir Luft spenden.
Wenn ich verdurste, kann sie mir zu trinken geben.
Wenn ich geschlagen bin, kann sie mein Schild werden.

Freundschaft ist manchmal aus Spaß.
Freundschaft ist manchmal aus Vertrauen.
Und Verbundenheit.

Und mehr.

Trauer

Trauer ist wie ein Schauer von Kometen, die auf mich stürzen.
Sie ist wie der Boden, der unter mir wegbricht.
Wie die Sonne, die verschwunden ist.

Es ist wie ein Koma.

Es ist, als hätte man ein Stück aus mir herausgerissen. Ein Stück Herz. Oder ein Stück Seele.
Mein Körper funktioniert nicht mehr so wie zuvor.
Ich fühle anders.
Die Leere wächst und die Verzweiflung.

Die Trauer ist ein Ozean, in dem ich ertrinke. Das Feuer, das mich verbrennt. Der Sturm, der mich zerreißt.

Die Trauer reißt ein schwarzes Loch in mich. Und alles stürzt hinein.

Mit der Zeit soll die Trauer schwinden… Wie ein Stern, der langsam verlöscht.

Und ich muss und werde sie besiegen.

<u>ein neuer Kreislauf</u>

Alles wird neu.
Selbst der Wind. Und die Pflanzen.
Und in der Erde regt es sich. Und strebt ins Licht.
Überall Sprießen, Blüte und Werden.
Und die Luft ist so frisch.
Und das Wasser fließt wieder.
Und die Wolken verwandeln sich.
Und der Mond strahlt und die Sonne. Und das Licht ist wie etwas Neues. Und eine Erinnerung.
Und die Worte, die jetzt gesprochen werden, wiederholen sich und sind trotzdem neu.
Und alles beginnt oder schließt gerade einen Kreis. Das Neue löst das Alte ab. Und ist eins.

Und wenn alles um mich herum wiedergeboren wird, kann ich nicht anders...

...und werde es auch.

Familie

Wir sind eins. Wir sind unsichtbar verbunden. Ich könnte mein Blut mit ihr tauschen.
Und all meine Organe, die Quarks und die Moleküle.
Wenn wir eins sind, dann leben wir ineinander...

Wir wissen voneinander, wer wir sind.
Wir stehen zusammen wie ein Schild. Wir sind ein Wall. Ein Damm. Und eine Sphäre.
Wir bilden eine Kette.
Wir wachsen in dieselbe Richtung. Wir haben denselben Stamm.

Wir haben einander das Leben gegeben.
Und wir teilen es.
Und wir geben es weiter.
Aneinander.
Und an uns.

Reife

Wir streben nach Reife, ohne es zu wollen. Alles in uns...
Mein Körper wird reif – wie eine Frucht. Und auch meine Seele...
Wie die Sonne die Pflanzen reift, so reift sie mich. Und das Wasser und der Wind und die Zeit.
Ich stelle mich in die Sonne, ins Wasser, in den Wind und in die Zeit, und ich werde immer reifer...

Und am Ende bin ich richtig und rundum reif und werde vom Leben gepflückt. Oder es lässt mich verblühen, verwelken und verdorren und wieder zurück in die Erde und lässt mich verwehen und meine Atome mit anderen vermischen.
Aber noch bleibe ich reif. Genau jetzt.
In meiner vollsten Blüte.
Und auf meine Art...

...vollkommen.

Liebe

Ich bin verliebt... das erste Mal und seither immer und immer wieder...

Ich bin in die Liebe verliebt. So heftig und stürmisch und legendär...

Die Liebe ist so groß und so klein, so sanft und so wild, so laut und so leise und immer so besonders.

Sie kommt und geht. Und sie bleibt.
Sie ist ein freier Geist, den man nur manchmal zähmen kann.

Sie sprengt jede Kette und jeden Käfig. Und jedes Leben.

Sie ist wie ein Schmetterling, der in mir schlüpft. Die Knospe, die in mir sprießt. Der Funke, der in mir entfacht.

Die Liebe ist wie eine Naturgewalt, die mich umgibt. Stärker als die Schwerkraft und unausweichlicher als die Zeit.

Sie ist der Komet, der auf mich zurast. Der an mir verglüht oder mich zerschmettert.

Ich bekomme sie und ich gebe sie. Und ohne sie ist alles sinnlos.

Ich liebe...
Ich liebe alles Mögliche und Unmögliche. Ich liebe Menschen und Dinge. Und mich.

Die Liebe ist ein wunderbarer Wahnsinn... Und ich werde so verrückt nach ihr.
Sie ist unheilbar, aber sie heilt...

Sie begleitet mich durch mein Leben – wie ein unsichtbarer Freund.

Sie ist manchmal so leicht und manchmal so schwer.

Sie existiert in tausend Formen. Und erfindet sich immer wieder neu. Sie ist unerschöpflich und wie eine Quelle… sie hat unendlich viele Leben.

Ich liebe das Wundervolle und das Prophane, die Kunst und die Unterhaltung, das Tiefe und Seichte, den Sinn und den Unsinn, den Ernst und den Spaß. Das Logische und das Unlogische. Das Abstrakte. Das Konkrete. Das Einfache und das Komplexe. Die Auswahl, die Vielfalt, das Eine
und das Einzige.
Ich liebe Traum und Realität, Wunsch und Wirklichkeit, die Form und das Unförmige, das Überflüssige und die Essenz, die Ordnung und das Chaos.
Ich liebe die Euphorie und die Lethargie, das Tun und das Nichtstun und den Strom der Endorphine.
Ich liebe das Große. Das Kleine. Das Alles. Und alles auf seine Art und zu seiner Zeit. Und auf meine Art und zu meiner Zeit.

Die Liebe ist der Motor, der uns antreibt.
Das Licht, das unsere Seele berührt.
Das Dunkel, das uns einnimmt.
Der Zauber, der uns verwandelt.
Das Monster, das uns jagt.
Die Gewalt, die alles beherrscht.
Das Gefühl, das alles durchbricht.

Sie dringt durch meinen Körper. Und meine Seele.

Ich liebe die Liebe.

Und ich bin mit ihr… und durch sie. Und sie durch mich.
Und wir sind eins.

Kinder bekommen

Ich fühle mich wie ein Gott, als ich Leben erschaffe.
Und zugleich fühle ich mich so unendlich klein. Das kleinste Teil im Universum.

Wieder verändert sich alles...
Ich bin ein Kind und bekomme doch selbst eins. Ich werde immer ein Kind bleiben.
Und gleichzeitig werde ich Eltern sein.

Ich werde überzeugt sein, Fehler machen und Zweifel haben.
Ich werde es gut und schlecht machen.

Ich werde wieder auf meinen Instinkt hören... Und ich werde es lieben. Auf eine ganz besondere Weise.

Ich werde das Kind heranwachsen sehen; wie es läuft und wie es seine Jugend durchlebt, wie es erwachsen wird, wie es liebt und hasst; wie es mir nacheifert, wie es zu mir heraufsieht, wie es mich festhält und wie ich es in die Welt schicke.

Ich werde ihm die Welt zeigen,
und es wird mir seine Welt zeigen.
Ich werde ihm beibringen, was ich kann. Und mehr.

Ich werde Tausende Tode seinetwegen sterben, und ich werde es glücklich machen.
Ich werde es Kind sein lassen.
Ich werde es mein Kind sein lassen.
Und das Kind, das es sein will.

Ich pflanze einen neuen Stammbaum, und vielleicht wird er wachsen. Und Früchte tragen.

Verlust

Und wie ich so durchs Leben gehe, verliere ich immer mehr –
Momente, Gefühle, Erinnerungen, Menschen, Kraft, Glauben, Hoffnung...

Ich trauere um sie.

Aber manchmal verliere ich auch Ängste, Verzweiflung und Einsamkeit...

Und dann kann ich feiern.

Nichts ist sicher und nichts für immer...

Wenn ich ein Engel wäre, würde ich irgendwann meine Flügel verlieren.
Wenn ich ein Gott wäre – meine Unsterblichkeit.
Und da ich ein Mensch bin, werde ich meinen Körper verlieren.

Und wenn ich ihn verliere, vielleicht gewinne ich dann etwas anderes.
Und etwas Unvorstellbares.

älter werden

Ich werde älter. Aber zunächst reife ich weiter.
Ich schmecke alles viel intensiver und bewusster. Ich genieße die Tage. Ich spüre die Zeit und die Zeiten.

So vieles geht leichter als früher, und so vieles fällt schwerer.
Das Gehen, das Atmen.
Manchmal.
Und manchmal bin ich neu beschwingt. Als würden sich meine Flügel wieder regen.

Manchmal weigere ich mich älter zu werden. Und manchmal freue ich mich darauf.
Manchmal dachte ich früher, ich wäre immun gegen das Alter und den Tod, und ich dachte, ich wäre unverwundbar und unsterblich – aber ich habe mich anscheinend geirrt. Vielleicht war ich ein Träumer, vielleicht ein Idiot, vielleicht beides und vielleicht etwas dazwischen.

Ich frage mich, wo die Zeit geblieben ist. Und dann erinnere ich mich...

Das Leben ist ein Prozess, und ich bin mittendrin. Hier und jetzt.

Und ich bin reicher an Gefühlen. An Erfahrungen.
Ich kann schon viele Geschichten erzählen; erfundene und welche aus meinem Leben.
Und die eine, die ich jetzt noch schreibe, werde ich noch weiter erzählen. Egal, wie lang sie noch geht...
Und wie sie auch ausgeht – sie ist meine.

hohes Alter

So langsam rast die Zeit...
Die Bombe in mir tickt.
Ich verfalle und werde zu einer Ruine.
Meine Haut wird ein faltiges Gebirge.
Meine Knochen bröckeln wie Fels.
Meine Augen werden schwach.
Mein Körper macht schlapp.
Ich gehe kürzere Wege.
Wenige Schritte sind schon eine Weltreise.
Ich schrumpfe... ich wachse rückwärts.

Alles entwickelt sich – nur ich scheine jetzt zurück zu gehen.
Aber vielleicht habe ich einfach die falsche Perspektive. Vielleicht sehe ich nicht richtig. Vielleicht spüre ich nicht richtig...

Ich kann die Narben, die ich vom Leben habe, nicht mehr zählen.
An so viele Erlebnisse und Erfahrungen und an so viele Namen kann ich mich kaum noch erinnern.
Oder gar nicht mehr...

Orte, Menschen, Momente...

Ich glaube, ich bin reich, denn ich habe viele Schätze des Lebens gefunden. Aber ich bin gleichzeitig arm, denn ich habe mindestens genauso viel verloren.

Mein Blut versiegt.
Allmählich schwinden die Sinne. Einer nach dem anderen.
Mein Rücken beugt sich näher zur Erde, als wäre ich ein Baum, der sich von Stürmen biegen lässt.

Meine Fackeln werden alle einmal verlöschen, aber heute noch nicht.

Meine Sterne werden verglühen und meine Lichter
ausgehen...
...aber heute noch nicht.

Die Bombe in mir wird bald explodieren.
Aber noch stemme ich mich dagegen.
Noch rufe ich „Halt!".
Noch erhebe ich mich.
Noch atme ich tief.
Noch lache ich lauthals.
Noch weine ich schrecklich.
Noch lebe ich.

Zeit

Ich spüre die Zeit...
Sie fließt und rinnt durch mich. Und wie Flüsse und Winde gräbt sie sich in mich. In meine Haut. In mein Herz. Sie macht mich glatt und schafft Krater. Sie macht Narben und heilt. Sie lässt mich wachsen und lässt mich verfallen. Sie verwandelt mich ständig. Wie eine Magierin.

Sie nimmt und sie gibt. Sie ist immerzu und ewig. Und ich bin in ihr.

Wir sind alle Zeitreisende, immer. In jedem Augenblick.

Ich sehe zurück und nach vorne, und zugleich gibt es nur den Moment...
Den Moment, den ich spüre.
Den Moment, den ich lebe.

Den Schmerz, den ich jetzt fühle. Das Hochgefühl, das Glück.
Nur diesen einen Moment.
Nur jetzt.

Berührung mit dem Tod

Wenn jemand stirbt oder man selbst fast, dann gibt es kein
Beben, aber alles gerät ins Wanken.
Alles wirkt falsch. Alles ist nur noch wie ein Spiegel, der an-
fängt zu splittern.
Alles reißt – und bricht; und alles verfällt.
Alles fühlt sich halbtot an. Das Fleisch, die Luft, die Seele und
alles dazwischen.

Und ich weiß nicht, wie ich das alles ertragen soll...

Ich sehe die Bahren, die Särge, die Gräber, die Urnen, die
Asche...
Die Welt wirkt wie ein riesiger Friedhof. Voller toter Körper.
Die Häuser sind Mausoleen, die Wohnungen Grüften.
Ich sehe überall Zersetzung und Verwesung. Den Anfang vom
Ende.

Mein Todesurteil ist gefällt, aber ich habe nichts getan...

Ich frage mich, wieso wir leben, wenn wir doch irgendwann
sterben. Ich denke an das Paradox des Lebens.

Und ich weiß nicht, ob ich es jemals verstehen werde.

Ich weiß, dass nichts ewig ist und trotzdem kann ich es nicht
begreifen.

Das Leben ist zerbrechlich wie Glas; und es bricht auf wie
Erde. Es rinnt durch die Hände wie Sand; und es wird fortge-
spült wie Wasser.
Ich kann nichts tun außer zu leben. Nichts als das.
Und nicht mehr als das.

Es ist so verrückt, wenn ich selbst an der Schwelle zum Tod
bin, fühle ich mich so lebendig...

Ich bin ein Überlebender, auf meine Art. Jeden Tag. Ich hoffe, wenn ich meine Augen schließe und schlafe, wache ich auch wieder auf...

Ich habe Angst zu sterben, und ich suche das Leben.
Damit ich keine Angst mehr habe, zähme ich den Schmerz.
Und irgendwann, wenn ich bereit bin zu sterben,
dann werde ich leben.

Glaube

So viele erzählen mir vom Glauben. Und manche predigen...
Ich lese von ihm. Aber ich weiß nicht mehr, wie er beginnt...
Kommt er aus mir – oder von anderen?
Ist er in der DNA oder in der Welt?

Bist du eine Erfindung oder real?

Ich zweifle.
Aber ich werde gehalten. Irgendwie und von irgendwem oder irgendwas...

Manchmal denke ich, der Glaube ist versteckt wie ein Schatz.
Und die Karte zu ihm ist verschlüsselt.

Er ist Halt.
Und er ist Wurzel.

Ich suche dich noch...
Irgendwo musst du sein, und vielleicht werde ich dich finden.

Ich möchte dich, wenn du mich mit der Welt verbindest; ich möchte dich, wenn du mich erhebst; ich möchte dich, wenn du mir Frieden gibst.
Ich möchte dich!

Schicksal

Ich weiß auch von dir nicht, ob es dich gibt. Denn du bist wie eine Legende...
Die Menschen sprechen von dir. Sie flüstern, sie schreien. Sie singen.

Manchmal bist du ein Monster, und ich bekämpfe dich.
Manchmal bist du ein Engel, und ich umarme dich.
Manchmal kann ich nicht an dich glauben, und manchmal zeigst du dich. Wie ein Gott.

Ich kann dich nicht berühren.
Aber ich stehe vor dir.
Wie vor dem Spiegel.
Wie an der Grenze zum Universum.

Ich suche dich.
Und ich werde dich finden!
Und ich werde dich ändern, wenn es sein muss!

Mein Schicksal.
Mein Leben.

Einsamkeit

Sie kann in jeder Phase des Lebens kommen.
Und dann spüre ich die Leere in mir.
Und ich will sie füllen.

In mir klafft eine Schlucht, und ihre Tiefe ist unermesslich.

In mir wächst eine Wüste, und ich warte auf Regen. Und darauf, dass ich blühe.

In mir ist ein Horizont, der viel zu fern ist. Und ich warte darauf, dass er näher kommt.

In mir ist das Dunkel, und ich warte auf das Licht.
In mir breitet sich das Nichts aus. Und ich warte auf die Supernova.

In mir ist ein Ende, und ich warte auf einen Anfang.

Ich warte auf meine Wiedergeburt.
Und dass ich endlich wieder lebe.

Hoffnung

Ich verliere und finde sie immer wieder...

Und wenn ich selbst verloren bin, findet sie mich irgendwann.
Wenn ich im Dunkel stehe, ist sie meine Fackel. Und die Dämmerung.
Wenn ich am Boden bin, macht sie, dass ich mich wieder aufrichte.
Wenn ich abrutsche, ist sie die rettende Hand.
Wenn ich zu tief bin, wird sie meine Treppe.
Wenn ich gefangen bin, befreit sie mich.
Wenn ich aufgebe, lässt sie es nicht zu und gibt mir neuen Mut.
Wenn ich kraftlos bin, frischt sie mich auf.
Wenn ich am Verlieren bin, ist sie meine zweite Chance.
Und wenn ich am Ende bin, ist sie ein neuer Anfang.

Sie ist wie eine Luft, die meine Lungen beflügelt. Ein Blut, das mein Herz schneller schlagen lässt. Eine Seele, die meinen Körper zum Leben erweckt.

Wenn ich hoffe, bin ich so lebendig.

Manchmal bin ich so gut wie tot. Aber wenn ich hoffe, erstehe ich wieder auf...

Glück

Ich jage es. Ich spüre, dass es da ist. Irgendwo. Immer in der Nähe. Seine Präsenz ist so stark. Wie eine Aura. Aber es gibt keinen Beweis. Nur das, was ich darüber denke und fühle...
Ich sehe, wie es andere Menschen haben. Es ist wie ein Zauber. Und ein echtes Wunder.

Ich möchte es fangen, ich möchte es halten, ich möchte es hüten und schmieden... und formen.
Ich möchte, dass es wächst.

Ist es Glück, wenn ich lachen muss und nicht anders kann?
Wenn ich mit offenen Augen träume?
Wenn ich einfach bin?
Wenn ich weine?
Wenn ich berührt werde und berühre?
Wenn ich liebe und geliebt werde?

Ist es Glück, wenn ich gehen und kommen kann?
Wenn ich frei bin?
Wenn ich sehen und wegsehen kann?
Wenn ich fühle?
Wenn ich die Zeit spüre und nicht spüre?
Wenn ich mich wundere?
Wenn ich erschaffe?

Ist es Glück, wenn ich lebe?

Epilog
und ein Ende

Ich habe gelebt!
Vielleicht mit dir und euch, mit mir und anderen.
Hoch und runter und mit allem, was dazu gehört...

Vielleicht habe ich die Welt dabei ein bisschen verändert.
Und vielleicht ein bisschen besser gemacht. Vielleicht auch
das Leben ein paar anderer... Und vielleicht auch nicht.

Ich habe das Leben gelebt. Wenn ich tot bin, grüßt es von
mir.

Ich habe geatmet in tiefen Zügen; ich habe die Augen weit
aufgeschlagen und fest verschlossen; ich habe sanft und wild
geträumt; ich habe die Nächte durchgemacht und die Tage
ausgekostet; ich habe Heimweh gespürt und Fernweh und die
Sehnsucht und die Melancholie; ich habe mein Herz an so
vieles verloren; ich habe es rasen lassen und mein Blut rauschen.
Und ich habe meine Seele gespreizt.

O Leben, ich habe dich herausgefordert und du mich.

Ich habe mich wahnsinnig aufgeregt und war ganz ruhig in
mir.
Ich habe hell und blass gestrahlt und manchmal war ich so
düster. Und manchmal zwielichtig und wie die Dämmerung.
Ich bin zigmal gefallen und zigmal habe ich mich wieder erhoben.
Ich war so oft verzweifelt und habe jedes Mal neu angefangen.
Ich hatte tausendmal Streit und tausendmal Versöhnung.
Ich habe millionenmal gehasst und millionenmal geliebt.
Ich habe erschaffen und zerstört.

O Leben, ich weiß nicht, ob ich deinen Sinn erkannt habe,
aber ich habe ihn gesucht...

Vielleicht habe ich ja nur minimal an deiner Oberfläche gekratzt, aber vielleicht war ich auch ganz tief in deinem Zentrum und habe es nicht gewusst...
Vielleicht habe ich dein ganzes Spektrum gelebt, aber vielleicht war es auch nur ein Bruchteil.
Ich habe versucht, deine Potenziale auszuschöpfen, und ich hoffe, ich war nicht schlecht darin...
Ich habe deine Rhythmen gespürt und nach ihnen gelebt.
Ich habe dich manchmal genossen und manchmal durchlitten. Ich war manchmal so süchtig nach dir und manchmal so satt.
Ich habe dich manchmal genutzt und manchmal verschwendet.
Ich habe manchmal auf dich geschworen und wollte meinen Schwur manchmal auch wieder brechen.
Manchmal habe ich den Glauben an dich verloren und du hast du mir den Verstand geraubt, aber dann gab es auch die anderen Momente, in denen du mich verblüfft hast – immer wieder. Und berauscht und wiederbelebt.
Manchmal habe ich die Geduld mit dir verloren, die Zuversicht und das Vertrauen in dich – und dann hast du doch wieder so vieles zum Guten gewendet.
Ich habe dich manchmal für mich allein behalten und manchmal geteilt.
Ich wollte dich manchmal für immer in mir spüren und manchmal, dass du in mir aufhörst zu sein.
Ich hatte riesige Erwartungen an dich, und so oft ich auch maßlos enttäuscht war – insgesamt hast du dich selbst übertroffen.
Ich habe dich einfach versucht, und ich bin wirklich dafür belohnt worden.
Ich hatte das volle Risiko mit dir, und es war es wert.
Ich hatte keine Alternative zu dir, und trotzdem warst du das Beste, das mir passieren konnte.
Ich habe dich gelebt. Mit allem, was ich habe.

Ich habe alles getan, was ich konnte. Und vielleicht auch alles, was ich wollte.

Ich habe das Leben gelebt.

Das Leben, das manches Mal anders kam als erwartet. Das irgendwie anders war als erwartet. Das so oder so immer besonders war – und ist.

Ich habe das Leben gelebt. Und alles in allem war es ziemlich... furchtbar – und phänomenal. Voller Höhen und Tiefen. Voller Macken. Und trotzdem perfekt.
Es war ein launisches Biest, eine große Diva, ein Abenteuer, ein Traum – manchmal ein Monster und manchmal ein Engel.
Und ich? Ach, ich war dumm und ein Trottel und ein Genie. Ich war so hin und her, mal dieses und mal jenes. Ich war erleuchtet und verblendet. Ich war kämpferisch und friedlich. Ich war offen und stur. Ich war konfus und strukturiert. Ich war hart und sentimental. Ich war wankelmütig und konsequent. Ich war voller Elan und träge. Manchmal war ich innovativ und manchmal konservativ. Ich war hartnäckig und resigniert. Ich war aktiv und passiv, ich war hyperaktiv, lethargisch und scheintot. Ich war stark und schwach. Ich war zahm und unkontrollierbar. Respektvoll und respektlos. Ich hatte recht und unrecht. Ich war energiegeladen und leer. Ich war gerührt und wie Stein. Ich war so naiv und so realistisch. Manchmal war ich so ehrlich zu mir und manchmal habe ich mir so viel vorgemacht. Ich war bescheiden und arrogant. Ich war mutig und ängstlich, zornig und gelassen. Ich war neugierig und gespannt und so euphorisch und dann wieder lustlos. Ich war freundlich und mürrisch. Ich war fair und sozial und ungerecht und mies. Ich war kleingeistig und visionär. Ich war egoistisch und selbstlos. Ich war dankbar und undankbar. Ich hatte die Kontrolle und habe losgelassen. Ich war traurig, unglücklich und glücklich. Ich war außergewöhnlich, brillant,

charismatisch, charmant und gleichzeitig Durchschnitt und nur ein verschwindendes Teil im Universum. Ich war einfach absurd und widersprüchlich. Fast wie das Leben.
Das Leben war langweilig und spektakulär. So wuchtig und sanft. Brutal und wild und mild und zahm. Es war so essenziell und voller Überfluss. Es war manchmal so banal. Und manchmal ein Wunder. Manchmal so viel Spaß. Und manchmal so ernst. Manchmal himmlisch. Und manchmal die Hölle.
Und heute weiß ich, dass es gut so ist.

O Leben, du warst meine Rakete und meine Nacht, in der ich explodieren konnte.
Du warst meine Bühne, auf der ich tanzen und feiern konnte.
Du warst meine Droge, nach der ich süchtig sein konnte.
Du warst mein Tor und mein Horizont...

Ich war dein Gast und dein Kind. Du warst mein Freund und meine Freundin, Geliebte und Geliebter... mein Vater und meine Mutter, meine Geschwister... meine Familie... mein Prophet und mein Gott...

Du warst mein Heil und mein Unheil, mein Glück und meine Qual, mein Schicksal, Bestimmung und Karma und mein freier Wille.

Du warst das größte Geschenk, mein Maximum und alles, was ich mir je hätte wünschen können.

Du warst so wirklich und so surreal.
Du warst so schrecklich und so schön.
Du warst so aufrichtig und so zynisch.
Du warst so pur und so ein Chaos.
Du warst ein Rätsel und so klar.
Du warst großzügig und gnädig und grausam.

Du hast mich manches Mal ignoriert, mich wie Müll behandelt und du hast mich auch manches Mal beachtet und mich behandelt wie etwas ganz Kostbares.

Du warst wie ein Konzert.
Und noch immer schwingt mein Körper, ich höre noch immer die Musik und den Applaus.
Und ich warte auf die Zugabe...

Du warst das Buch, das immer wieder lese. Der Film, den ich immer wieder ansehe. Der Song, den ich immer wieder höre.

Dein Anfang war glorreich, dann gingst du sagenhaft weiter, dein Finale war furios und jetzt warte ich auf dein unglaubliches Ende.

Du warst immer meine Muse, meine Idee und meine Inspiration.
Und komme, was wolle – du warst und bist und bleibst meine große Liebe.

Es war mir eine Freude. Es war mir ein Vergnügen. Und es war mir eine Ehre. Und ich hoffe, dir auch.

Wer weiß, vielleicht waren wir einander gar nicht so unähnlich oder haben uns ergänzt.

O Leben, ich werde dich nie vergessen. Und vielleicht werden wir als Duo unvergesslich sein. Du und ich und unsere mal grässliche und mal geile Geschichte.
Und egal, wie groß oder klein sie sind, und wie schnell sie vielleicht vergehen – ich habe meine Spuren auf dir hinterlassen.

Ich habe das Leben gelebt.

Und verdammt, wenn ich es doch nicht oder zu wenig gelebt habe, dann lebe ich es jetzt...

Wenn ich jetzt sterbe, dann weiß ich noch nicht, ob ich loslasse oder mich festkralle.

Und wenn es nur ein einziges Leben für mich gibt, dann war es wohl genau richtig so. Dann heißt es: Lebwohl.
Und wenn noch eins kommen sollte und ich wiedergeboren werde, dann...

...werde ich leben.